孤独是人生中一种自觉的独处，不是惩罚，不是受伤者和患病者的退隐，也不是怪癖，而是作为一个人生活的唯一、真正的存在状态。

时间的速度是难以想象的，流年暗中偷换，你换了你的，我换了我的。

有时在镜中看不清的自己，在别人的脸上却看见了。

- [ ] S
- [ ] M
- [ ] T
- [ ] W
- [ ] T
- [ ] F
- [ ] S

S ☐
M ☐
T ☐
W ☐
T ☐
F ☐
S ☐

- [ ] S
- [ ] M
- [ ] T
- [ ] W
- [ ] T
- [ ] F
- [ ] S

S ☐

M ☐

T ☐

W ☐

T ☐

F ☐

S ☐

或许我们注定在某一个可怕的城市中生活，但不表示我们命定绝望，总有一些可能性，总有。

我们歌哭无端，我们喜怒无常，我们日夜无明，无非无非，是想在生命的幽微之际找到一丝明觉。

- [ ] S
- [ ] M
- [ ] T
- [ ] W
- [ ] T
- [ ] F
- [ ] S

S ☐
M ☐
T ☐
W ☐
T ☐
F ☐
S ☐

- [ ] S
- [ ] M
- [ ] T
- [ ] W
- [ ] T
- [ ] F
- [ ] S

S ☐
M ☐
T ☐
W ☐
T ☐
F ☐
S ☐

我好像患上了一种好想谈恋爱的传染病，尤其好发于假日前夕晚饭过后八九点钟，心中有止不住的骚动。

- [ ] S
- [ ] M
- [ ] T
- [ ] W
- [ ] T
- [ ] F
- [ ] S

S ☐
M ☐
T ☐
W ☐
T ☐
F ☐
S ☐

- [ ] S
- [ ] M
- [ ] T
- [ ] W
- [ ] T
- [ ] F
- [ ] S

S ☐
M ☐
T ☐
W ☐
T ☐
F ☐
S ☐

再多的爱也禁不住，一次又一次的龃龉，早晚都会失去耐心。

若是哪天不小心沦成了『羁绊』，
这样的爱情就宣告病入膏肓了。

- [ ] S
- [ ] M
- [ ] T
- [ ] W
- [ ] T
- [ ] F
- [ ] S

S ☐
M ☐
T ☐
W ☐
T ☐
F ☐
S ☐

- [ ] S
- [ ] M
- [ ] T
- [ ] W
- [ ] T
- [ ] F
- [ ] S

S ☐

M ☐

T ☐

W ☐

T ☐

F ☐

S ☐

你的孤独以及你所畏惧的，
都将被时光锻造成钢。

- [ ] S
- [ ] M
- [ ] T
- [ ] W
- [ ] T
- [ ] F
- [ ] S

S ☐

M ☐

T ☐

W ☐

T ☐

F ☐

S ☐

- [ ] S
- [ ] M
- [ ] T
- [ ] W
- [ ] T
- [ ] F
- [ ] S

S ☐
M ☐
T ☐
W ☐
T ☐
F ☐
S ☐

到后来才明白，原来很多路只能一个人走，于是最后只剩下眼泪，苦苦的。

☐ S
☐ M
☐ T
☐ W
☐ T
☐ F
☐ S

S ☐

M ☐

T ☐

W ☐

T ☐

F ☐

S ☐

- [ ] S
- [ ] M
- [ ] T
- [ ] W
- [ ] T
- [ ] F
- [ ] S

S ☐
M ☐
T ☐
W ☐
T ☐
F ☐
S ☐

那样敏感的记忆，在记忆里起了遥远的记忆，然后遗忘，这一切都似乎存在过，也似乎不存在……

- [ ] S
- [ ] M
- [ ] T
- [ ] W
- [ ] T
- [ ] F
- [ ] S

S ☐
M ☐
T ☐
W ☐
T ☐
F ☐
S ☐

- ☐ S
- ☐ M
- ☐ T
- ☐ W
- ☐ T
- ☐ F
- ☐ S

S ☐

M ☐

T ☐

W ☐

T ☐

F ☐

S ☐

我知道总有一天我也会离开家，然后真正地长大。

- [ ] S
- [ ] M
- [ ] T
- [ ] W
- [ ] T
- [ ] F
- [ ] S

S ☐
M ☐
T ☐
W ☐
T ☐
F ☐
S ☐

- [ ] S
- [ ] M
- [ ] T
- [ ] W
- [ ] T
- [ ] F
- [ ] S

S ☐
M ☐
T ☐
W ☐
T ☐
F ☐
S ☐

我写下了一些琐碎的、片段的、关于生活和记忆的絮语，企图在生存之上，找到真实活着的姿态。

☐ S

☐ M

☐ T

☐ W

☐ T

☐ F

☐ S

S ☐

M ☐

T ☐

W ☐

T ☐

F ☐

S ☐

- [ ] S
- [ ] M
- [ ] T
- [ ] W
- [ ] T
- [ ] F
- [ ] S

S ☐
M ☐
T ☐
W ☐
T ☐
F ☐
S ☐

人不快乐的原因就是把自己关在一个跑不掉的地方。

- [ ] S
- [ ] M
- [ ] T
- [ ] W
- [ ] T
- [ ] F
- [ ] S

S ☐
M ☐
T ☐
W ☐
T ☐
F ☐
S ☐

☐ S
☐ M
☐ T
☐ W
☐ T
☐ F
☐ S

S ☐
M ☐
T ☐
W ☐
T ☐
F ☐
S ☐

生命只是如此前行，不必说给别人听。

今日踽踽独行，他日化蝶飞去。

人生就像一列火车，有人上车，有人下车，没有人会陪你走到最后，碰到了即是有缘，要下车的时候，也要心存感激地告别。